BEI GRIN MACHT SICH IHR WISSEN BEZAHLT

AF148330

- Wir veröffentlichen Ihre Hausarbeit,
  Bachelor- und Masterarbeit

- Ihr eigenes eBook und Buch -
  weltweit in allen wichtigen Shops

- Verdienen Sie an jedem Verkauf

Jetzt bei www.GRIN.com hochladen
und kostenlos publizieren

Marina Jelencic

Interkulturelle Aspekte und potenzielle Problemfelder im multinational zusammengesetzten Projektteam der Learnit Ltd.

GRIN Verlag

Bibliografische Information der Deutschen Nationalbibliothek:

Die Deutsche Bibliothek verzeichnet diese Publikation in der Deutschen National-
bibliografie; detaillierte bibliografische Daten sind im Internet über http://dnb.d-
nb.de/ abrufbar.

Impressum:

Copyright © 2010 GRIN Verlag, Open Publishing GmbH
Druck und Bindung: Books on Demand GmbH, Norderstedt Germany
ISBN: 978-3-640-90672-7

Dieses Buch bei GRIN:

http://www.grin.com/de/e-book/171354/interkulturelle-aspekte-und-potenzielle-
problemfelder-im-multinational

GRIN - Your knowledge has value

Der GRIN Verlag publiziert seit 1998 wissenschaftliche Arbeiten von Studenten, Hochschullehrern und anderen Akademikern als eBook und gedrucktes Buch. Die Verlagswebsite www.grin.com ist die ideale Plattform zur Veröffentlichung von Hausarbeiten, Abschlussarbeiten, wissenschaftlichen Aufsätzen, Dissertationen und Fachbüchern.

Interkulturelle Aspekte und potenzielle Problemfelder im multinational zusammengesetzten Projektteam der Learnit Ltd.

Referat Seminar ANS02

AKAD. Die Privathochschule.

vorgelegt am 18.09.2010

von

Marina Jelencic

Inhaltsverzeichnis   **Seite**

1. Einleitung

Der heutige Markt für Firmen fast aller Branchen ist ein zunehmend globaler Markt. Die Grenzen nicht nur für die Erfüllung von Aufträgen verschwimmen zusehends, auch die zur fachgerechten Durchführungen benötigten Experten kommen aus unterschiedlichsten Ländern und Kulturkreisen formen so interkulturelle Teams.

Interkulturelle Teams funktionieren bei geeigneter Führung und gegenseitigem Verständnis und Toleranz leistungsfähiger als monokulturelle Teams aber bei ungenügender Vorbereitung auf die unterschiedlichen Belange der Teammitglieder kann sich dieser Vorteil auch schnell ins Gegenteil ändern und das Team eine unterdurchschnittliche Leistung erreichen.

Diese Arbeit soll einen kurzen Leitfaden über die Aspekte und Problemfelder multikultureller Teams darstellen und Handlungsweisen aufzeigen. Dabei werden anhand des Fallbeispiels „Learnit Ltd." praktische Umsetzungsmöglichkeiten und Problemfelder aufgezeigt und erläutert.

2. Begriffsdefinition

2.1 Was ist Kultur?

Der Ursprüngliche Begriff „Kultur" entstammt dem Griechischen und bezog sich, wie es auch heute noch an Begriffen wie Kulturboden erkennbar ist, auf die landwirtschaftliche Nutzung von Boden.[1] Nach Perlitz kann Kultur auch als der Teil der gemeinsamen gesellschaftlichen Werte angesehen werden, die individuell internalisiert und dadurch handlungsleitend im jeweiligen Land sind.[2] Hofstede versteht unter Kultur die kollektive Programmierung des Geistes, die die Mitglieder einer Gruppe oder Kategorie von Menschen von einer anderen unterscheidet.[3] Er folgert daher weiter, dass Kultur erlernt, einem aus dem sozialen Umfeld angetragen wird und nicht etwa durch Gene vorbestimmt sei.

2.2 Multinationale Teams

Die Internationalisierung und Globalisierung macht es nötig eine Unternehmung bzw. ein Projekt diesen speziellen Anforderungen anzupassen um bestmögliche Ergebnisse zu liefern. Laut Adler sind interkulturelle Teams entweder deutlich leistungsfähiger oder im Gegensatz dazu deutlich weniger leistungsfähig als monokulturelle Teams. Sie fasst ihre Ergebnisse in folgender Tabelle zusammen:[4]

---

[1] vgl. Apfelthaler (2002), S. 28
[2] vgl. Perlitz (2000), S. 279
[3] vgl. Hofstede (1991), S. 5
[4] vgl. Adler (1997)

Strengths	Weaknesses
■ Increased creativity ■ Wider range of perspective ■ More alternatives and better solutions ■ Continuous learning process ■ Greater flexibility and openness and the avoidance of the „group think" ■ Process benefits (more ideas & better ideas) → **Increased effectiveness & higher productivity**	■ Higher complexity due to cultural differences and geographical dispersion ■ Difficulties of communication and comprehension, leading to tension, conflict and confusion ■ Process losses (mistrust, stereotyping, communication problems, stress, anxiety) → **Decreased effectiveness & lower productivity**

Abbildung 1: Stärken und Schwächen interkultureller Teams

3. Problemfelder multinationaler Teams

Einige mögliche Problemfelder multinational zusammengestellter Teams können in folgender Tabelle zusammengefasst werden:

Unterschiedliche Einsatzzwecke der Teams	• Aufgabenorientierte Kulturen: Informationsaustausch, Entscheidungsfindung, Maßnahmenplanung • Beziehungsorientierte Kulturen: Kennenlernen, Kontakte knüpfen, Vertrauen aufbauen, Beziehung zwischen Unternehmen aufbauen oder festigen ➢ Unterschiede führen zu Missverständnissen und Frustration

Unterschied liche Auf fassungen über Ziele der Team arbeit	• Selbstbestimmte Kulturen: Umwelt weitgehend beherrschbar, langfristige Ziele mit Maßnahmenplan • Fremdbestimmten Kulturen ist dies zu limitiert: Umweltentwicklung nicht vorhersehbar strategische Planung ist Einschränkung des Handlungsspielraums, Ziele konkretisieren sich im Zeitablauf
Ablauf von Meetings	• Monochrome Kulturen: Traktandenliste und systematische Abarbeitung, kein Durchstellen der Anrufe, Pünktlichkeit • Polychrome Kulturräume: Traktanden sind Einschränkung der Kreativität, springen von einem Thema zum nächsten, Telefonate oder Meetings können später beginnen oder enden
Sprache	• Gemeinsame Arbeitssprache wird nicht von allen gleich gut gesprochen Missverständnisse, Ungleichgewichte, Vertrauensverlust • Muttersprachler im Team: werden als intelligenter wahrgenommen, dominieren Diskussionen, wenn wichtige Entscheidungen getroffen werden • Fremdsprachige kommen zu kurz, sachliche Dinge stehen im Vordergrund
Kommunika tionsverhalt en	• Westliche Kultur: Redepausen unangenehm, peinlich • Lateinische Kulturen: Gesprächsunterbrechung als Signal für Interesse an der Diskussion ➢ Unterschiedliche Kommunikationsmuster in einem Team führen zu Missverständnissen, Ablehnung und Frustration
Geogra phische Distanz	• Große Reise-Budgets für Unterkunft und Kommunikation • Transaktionskosten für Teammitglieder • Finden gemeinsamer Termine allein schon schwierig

4. Fallbeispiel: „Learnit Ltd.“

Interkulturelle Teams sehen sich wie bereits aufgezeigt nicht nur den alltäglichen Teamproblematiken gegenüber sondern sie müssen gleichzeitig kulturelle Unterschiede meistern.

Hintergrundinformationen:

In einem fiktiven Unternehmen, der Learnit Ltd., soll weltweit ein neues ERP-System eingeführt werden. Die Learnit Ltd. ist ein international agierender Anbieter von Fort- und Weiterbildungsmaßnahmen mit Schwerpunkt in Betriebswirtschaft, angewandter Informatik, Sprachen und Management. Die Learnit ist Träger mehrerer Hochschulen, Firmen, Institute in 10 Ländern. Learnit Ltd. ist im letzten Jahrzehnt vor allem durch Zukauf von Firmen, vor allem auch außerhalb der BRD, gewachsen.

Aufgabenstellung:

Skizze der interkulturellen Aspekte und potenziellen Problemfelder sowie Lösungsansätze im multinational zusammengesetzten Learnit Ltd. Projektteam, das sich um die Auswahl eines ERP – Systems kümmert.

Aufgabenbearbeitung:

Basierend auf den bereits vorgestellten Grundlagen ergeben sich aus Sicht des Autors nachstehende Schlussfolgerungen:

Die Learnit Ltd. hat ihren Stammsitz in Deutschland, da sie aber ihr ERP-System international angleichen will, ergeben sich hierdurch unterschiedliche Sichtweisen auf das Projektgeschehen.

Es liegt nahe, dass die Mitarbeiter, die aus dem Stammhaus auf das Projekt angesetzt werden eher den „deutschen Traditionen" folgen und sehr penibel auf das Einhalten von Zeitplänen und die exakte Durchführung von definierten Schritten bestehen. In Niederlassungen, wie z.b. Frankreich oder England kann dies Mitunter zu Problemen führen, da dort die Zeit polychronisch wahrgenommen wird. Deadlines werden zwar meist mit einem „Ja" abgesegnet, was aber eher dadurch zu begründen ist, dass in diesen Kulturkreis ein „Nein" häufig als unhöflich angesehen wird und unter Umständen auch als ein Zeichen der Schwäche gewertet werden kann. In südlicheren Niederlassungen ist darauf zu achten, dass hier ein sehr ausgeprägter Pragmatismus vorherrscht; ist eine Schritt nicht direkt auf dem vorgeplanten Weg zu erreichen werden sehr schnell alternative Wege beschritten, was aus deutscher Sicht eher als „dem Problem aus dem Weg gehen" angesehen werden kann.

Bei der Zusammensetzung des Teams ist ebenfalls zu beachten, dass in eben diesen südlichen Ländern, wie Italien oder Spanien, ein starkes Hierarchiedenken anzutreffen ist und Entscheidungen „von oben" nicht in der Intensität hinterfragt werden, wie dies in Deutschland oder England der Fall ist. Auch muss dabei berücksichtigt werden, dass in Deutschland stärker nach rein objektiven Fakten gehandelt wird und Teammitglieder als „Partner auf Zeit" angesehen werden, während in anderen Ländern der Fokus auf der Beziehung zwischen den Teammitgliedern als wichtig wahrgenommen wird.

Für die Aufstellung des Projektteams sollte daher neben einem Intercultural Training eine Kennenlernphase eingeplant werden. Sie soll den Teammitgliedern die Möglichkeit geben sich abseits des geschäftlichen Alltags auszutauschen und sich besser kennen zu lernen. So kann z.B. vorab ein Austausch der in ähnlichen Bereichen arbeitenden Mitglieder unterschiedlicher Länder stattfinden um den Start zu erleichtern.

Es ist bei der Kick-Off Veranstaltung darauf zu achten, dass alle Teilnehmer sich der Wichtigkeit und vor allem der gemeinsam erarbeiteten Regeln bewusst sind. Da für die Zukunft auch viele Fremdvergaben geplant sind sollten frühzeitig externe Partner eingebunden werden. Dies ist besonders im asiatischen Raum sinnvoll, da hier Geschäfte, wie bereits angesprochen, sehr stark auf Vertrauen basieren.

Werden die genannten Hinweise beachtet und durch regelmäßige Überprüfung und Reviews nicht nur der Projektstand sondern auch der Status des Projektteams erfasst, steht einem erfolgreichen Roll-out des neuen ERP-Systems nichts im Wege und der Zusammenhalt der Unternehmung wird durch neu geschaffene interne, multinationale Netzwerke gestärkt.

5. Fazit

Die im Fallbeispiel „Learnit Ltd." genannten Handlungshinweise stehen stellvertretend für eine Vielzahl an Projekten und zeigen, dass bereits in der Vorbereitung eines Projekts sehr viel Zeit und Aufwand investiert werden muss, um internationale Projektteams erfolgreich zu machen. Werden aber grundlegende Dinge bereits vor Projektstart berücksichtigt und in der jeweiligen Unternehmung ein Kultur geschaffen, die es solchen Teams ermöglicht erfolgreich zu agieren, stellen internationale Projekte eine Bereicherung dar, an denen nicht nur die einzelnen Projektteilnehmer sondern auch die gesamte Firma erfolgreich wachsen können.

Literaturverzeichnis

Adler, Nancy J. (1997): International dimensions of organizational behavior. 3. ed. Cincinnati, Ohio: South-Western College Publ.

Apfelthaler, Gerhard (2002): Interkulturelles Management. Die Bewältigung kultureller Differenzen in der internationalen Unternehmenstätigkeit /. Wien: MANZ.

Herbrand, Frank (2000): Interkulturelle Kompetenz. Wettbewerbsvorteile in einer globalisierenden Wirtschaft. Diss: Haupt.

Hofstede, Geert (1991): Cultures and organizations. Software of the mind /. London: McGraw-Hill.

Hofstede, Geert (2001): Lokales Denken, globales Handeln. Interkulturelle Zusammenarbeit und globales Management /. Orig.-Ausg., 2., durchges. Aufl. München: Dt. Taschenbuch-Verl.

Martinelli, Melanie (2005): Managing cultural differences: A key to successful offshore collaborations.

Perlitz, Manfred (2000): Internationales Management. 4., bearb. Aufl. Stuttgart: Lucius & Lucius.